EL INCREÍBLE CATÁLOGO DE LOS REPTILES MÁS EXTRAORDINARIOS

ILUSTRACIONES DE
ROSSELLA TRIONFETTI

TEXTO DE
CRISTINA BANFI

Tramuntana

CONTENIDO

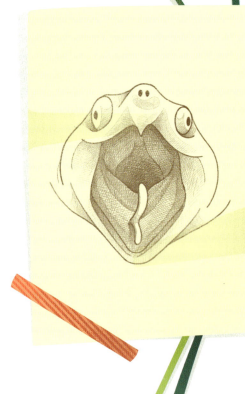

INTRODUCCIÓN	4
TORTUGA DE CUELLO DE SERPIENTE AUSTRALIANA	6
TORTUGA LAGARTO	8
TORTUGA GIGANTE DE FLOREANA	9
TORTUGA CAIMÁN	10
TORTUGA CHINA DE CAPARAZÓN BLANDO	12
TORTUGA VERDE MARINA	13
COBRA REAL	14
CASCABEL DIAMANTINA DEL OESTE	15
SERPIENTE DE LIGA	16
SERPIENTE DE CABEZA DE HOJA	18
MAMBA NEGRA	19
SERPIENTE DE CORAL ORIENTAL	20
VÍBORA DEL GABÓN	22
VÍBORA DEL CUERNO	23
VÍBORA CORNUDA SAHARIANA	24
SERPIENTE MARINA AMARILLA	25
ANACONDA VERDE	26
PITÓN REAL	28

DRAGÓN VOLADOR	30
ESCINCO COCODRILO	32
UROMASTYX	33
TRIOCEROS DE JACKSON	34
IGUANA VERDE	36
GECKO DE DEDOS DE HOJA	37
IGUANA MARINA	38
GECKO DE ARENA DE NAMIB	40
LAGARTO ARMADILLO	41
ANOLIS VERDE	42
LAGARTO GUSANO DE DOS PATAS	44
AGAMA COMÚN	46
BASILISCO COMÚN	48
LUCIÓN	49
MONSTRUO DE GILA	50
DRAGÓN DE KOMODO	52
TUÁTARA	54
ALIGÁTOR AMERICANO	56
CAIMÁN DE ANTEOJOS	58
GAVIAL	59
COCODRILO DEL NILO	60
COCODRILO MARINO	62

INTRODUCCIÓN

Si estás leyendo este libro, probablemente pienses que hay aspectos fascinantes en una serpiente o una iguana... **¡y tienes toda la razón!**

Al contrario de lo que la gente cree, los reptiles son animales muy **extraordinarios**, cuentan con gran historia y algunas características sorprendentes. La primera cualidad es que tienen el cuerpo cubierto de **escamas**, lo que hace que su piel sea impermeable, pero también son suaves al tacto y no son viscosos.

Puede que te sorprenda descubrir que nunca paran de crecer.
Esto sucede porque mudan la piel, lo que significa que, cada cierto tiempo, sustituyen la piel vieja por una nueva.
Pero eso no es todo...

¿Sabías que la **temperatura** de incubación del huevo a veces determina si un reptil será **macho** o **hembra**?
Esto les ocurre a las **tortugas**, los **cocodrilos** y muchas otras especies de **lagartos**. Otros reptiles, como el **lución**, no ponen huevos.
La madre da a luz a las crías y se cuidan a sí mismas de forma inmediata. Probablemente ya sepas que todos los reptiles son criaturas de **sangre fría**.
Esto significa que la temperatura de su cuerpo depende del **entorno** exterior en el que se encuentren.

Por eso pasan horas al **sol** antes de poder hacer cualquier actividad o buscan refugio si hace mucho calor o frío.

Los reptiles se encuentran en todos los continentes (excepto en la Antártida, ¡allí hace mucho frío!), pueden vivir en diferentes entornos, como **desiertos**, **bosques**, o **mares**.

No siempre podemos ver a estas criaturas porque la mayoría son muy **tímidas**, y se **esconden** gracias a su capacidad de **camuflaje**. En este libro también conocerás **reptiles peligrosos**. Algunos tienen un **veneno** mortal, varios cuentan con **dientes extremadamente afilados**, mientras que otros asfixian a sus víctimas con sus poderosas **espirales**. También hay reptiles muy **coloridos** que andan por el **agua** o vuelan por el **aire**, y otros que viven en islas remotas, los cuales probablemente ni siquiera conocías.

Aprenderás todo sobre sus hábitats y cuerpos, así como muchas otras características interesantes.

TORTUGA DE CUELLO DE SERPIENTE AUSTRALIANA

En Australia, existe una **tortuga** semiacuática a la que le encanta pasar todo el día en el fondo de un estanque de agua salada. Cuando el estanque se seca durante los periodos de sequía, se entierra en un montón de hojas y entra en un estado de **inactividad**, mientras espera la **temporada de lluvias**.

Su **cuello** marrón y estrecho no pasa desapercibido, ya que mide aproximadamente la mitad de su caparazón o concha. Esto significa que cuando está bajo el agua solo tiene que acercar la cabeza hacia la superficie para respirar. También es adecuado para **cazar**: la tortuga ataca mientras extiende el cuello, **succionando** a la presa con la boca muy abierta y luego la cierra con un chasquido.

¡ES MEJOR NO HACER QUE SE ENFADE!

Si molestamos a la tortuga de cuello de serpiente, lanza una **sustancia amarillenta olorosa** que procede de las glándulas de las axilas y la ingle, lo que hace que otras criaturas se mantengan alejadas.

NOMBRE CIENTÍFICO: *Chelodina longicollis*
DIETA: *carnívora*
TAMAÑO: *25 cm (10 pulgadas)*
HÁBITAT: *entornos húmedos de agua salada*
ESPERANZA DE VIDA: *35 años*
NIVEL DE PELIGRO: *bajo*
REPRODUCCIÓN: *los huevos son frágiles y se ponen por la noche o después de llover*

ACERCA LA CABEZA A LA SUPERFICIE PARA RESPIRAR.

¡SU CUELLO MIDE CASI LA MITAD DE SU CAPARAZÓN!

TORTUGA LAGARTO

NOMBRE CIENTÍFICO: *Chelydra serpentina*
DIETA: omnívora
TAMAÑO: 50 cm (20 pulgadas)
HÁBITAT: entornos húmedos de agua dulce o salada
ESPERANZA DE VIDA: 30 años
NIVEL DE PELIGRO: medio
REPRODUCCIÓN: pone 20-30 huevos en un agujero cerca del agua

Podemos encontrar a una tortuga lagarto en **lagos pequeños** con fondos fangosos, enterrada bajo montones de vegetación. Esto permite que se esconda mejor mientras caza y, además, encuentra plantas acuáticas que le encanta comer. Pasa la mayor parte del tiempo en el **agua** y sale a la tierra en pocas ocasiones, por ejemplo, cuando necesita **calentarse** bajo el sol o **poner huevos**.

Su boca tiene forma de **pico** óseo y fuerte, sin dientes.

SU MORDISCO ES MORTAL Y MUY RÁPIDO: una especie adulta puede comerse el dedo de una persona fácilmente.

NO SON REPTILES SOCIALES Y PREFIEREN LA VIDA EN SOLITARIO. PUEDEN SER MUY AGRESIVOS Y MUERDEN RÁPIDAMENTE A CUALQUIERA QUE SE ACERQUE.

TORTUGA GIGANTE DE FLOREANA

NOMBRE CIENTÍFICO: *Chelonoidis nigra*
DIETA: *herbívora*
TAMAÑO: *1,8 m (5,9 pies)*
HÁBITAT: *entorno insular*
ESPERANZA DE VIDA: *100 años*
NIVEL DE PELIGRO: *bajo*
REPRODUCCIÓN: *pone huevos del tamaño de pelotas de golf en un nido redondo*

La tortuga gigante de Floreana es una especie gigante que pesa más de **400 kg** (880 libras). Vive una vida perezosa y tranquila en las fantásticas islas del **Pacífico**, de donde recibe su nombre. Come, se revuelca en los charcos y toma el sol.

Las **patas** son enormes para poder soportar el peso, aunque a pesar del tamaño de su gran **caparazón**, no es tan pesada: de hecho, el caparazón tiene forma de estructuras de panal, que lo hacen ligero y fácil de llevar.

Su **dieta** consiste en **higos chumbos**, su comida favorita, y otras frutas, así como flores, hojas y hierbas, incluso las más duras, las cuales corta fácilmente con su **fuerte mandíbula sin dientes**.

CURIOSAMENTE, ESTAS TORTUGAS PUEDEN VIVIR SIN COMER O BEBER DURANTE UN AÑO.

TORTUGA CAIMÁN

La tortuga caimán pasa la mayor parte de su vida **en el agua**. Vive en **aguas profundas**, principalmente en ríos con orillas empinadas, pero también podemos encontrar esta especie en lagos y pantanos. Puede sumergirse en el agua durante **20 minutos**: se **camufla** muy bien en el fondo del lago y ¡se vuelve casi invisible!

NOMBRE CIENTÍFICO: *Macrochelys temminckii*
DIETA: *carnívora*
TAMAÑO: *100 cm (40 pulgadas)*
HÁBITAT: *entornos húmedos de agua dulce*
ESPERANZA DE VIDA: *desconocido*
NIVEL DE PELIGRO: *medio*
REPRODUCCIÓN: *pone hasta 100 huevos en tierra seca*

RECIBE SU NOMBRE POR SU FUERTE MANDÍBULA Y EL CAPARAZÓN, QUE TIENE UNA RUGOSIDAD INCONFUNDIBLE QUE ES PARECIDA A LA PIEL ESCAMOSA DE LA ESPALDA DE UN CAIMÁN.

¡SU MANDÍBULA ES MUY FUERTE!

HMMM...

TORTUGA CAIMÁN	TORTUGA GIGANTE DE FLOREANA
100 KG/220 LB.	400 KG/880 LB.

Tiene una piel **en forma de gusano** en la punta de la **lengua**. Cuando la tortuga tiene hambre, se queda inmóvil en el fondo del río o del lago, abre la boca de par en par y utiliza la lengua como **cebo**. Atrae al pez y lo **engulle**.

TORTUGA CHINA DE CAPARAZÓN BLANDO

NOMBRE CIENTÍFICO: *Pelodiscus sinensis*
DIETA: *carnívora*
TAMAÑO: *25 cm (10 pulgadas)*
HÁBITAT: *entornos de agua dulce*
ESPERANZA DE VIDA: *20 años*
NIVEL DE PELIGRO: *bajo*
REPRODUCCIÓN: *pone entre 15-30 huevos en suelo húmedo*

Sus **patas palmeadas** y la estructura **hidrodinámica** del caparazón nos demuestran que a esta pequeña tortuga le encanta el **agua**. Vive cerca de **ríos** y **estanques** con fondos arenosos o fangosos, donde se entierra y se camufla muy bien, dejando solo la cabeza a la vista.

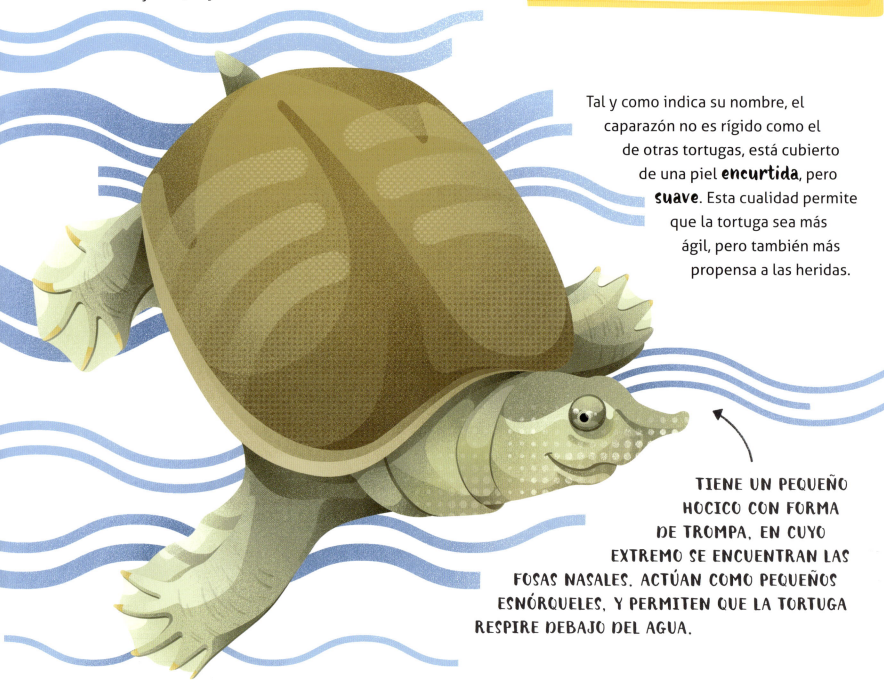

Tal y como indica su nombre, el caparazón no es rígido como el de otras tortugas, está cubierto de una piel **encurtida**, pero **suave**. Esta cualidad permite que la tortuga sea más ágil, pero también más propensa a las heridas.

TIENE UN PEQUEÑO HOCICO CON FORMA DE TROMPA, EN CUYO EXTREMO SE ENCUENTRAN LAS FOSAS NASALES. ACTÚAN COMO PEQUEÑOS ESNÓRQUELES, Y PERMITEN QUE LA TORTUGA RESPIRE DEBAJO DEL AGUA.

TORTUGA VERDE MARINA

NOMBRE CIENTÍFICO: *Chelonia mydas*
DIETA: *herbívora*
TAMAÑO: *1,2 m (4 pies)*
HÁBITAT: *mares tropicales*
ESPERANZA DE VIDA: *80 años*
NIVEL DE PELIGRO: *bajo*
REPRODUCCIÓN: *pone huevos cada 2-4 años, cavando agujeros en la playa*

Como todas las tortugas **marinas**, la tortuga verde marina se mueve **despacio** y con dificultad por la **tierra**, mientras que en el agua muestra todas sus habilidades. Es una nadadora experta gracias a la estructura **hidrodinámica** del caparazón y a sus extremidades en forma de aleta.

Su **caparazón** es ancho, **liso** y de color marrón oliva, mientras que la parte inferior o plastrón es amarillo. La grasa del cuerpo es verde, resultado de su dieta, que consiste solo en algas y plantas acuáticas.

Esta tortuga es capaz de migrar largas distancias, incluso más de **2.600 km** (1,600 pies).

SU VELOCIDAD DE NADO ES DE 3 KM/H (1,9 MPH), PERO SI SE SIENTE AMENAZADA, PUEDE LLEGAR A UNA VELOCIDAD DE 35 KM/H (22 MPH).

COBRA REAL

NOMBRE CIENTÍFICO: *Ophiophagus hannah*
DIETA: *carnívora*
TAMAÑO: *5,5 m (18 pies)*
HÁBITAT: *bosques y zonas húmedas*
ESPERANZA DE VIDA: *20 años*
NIVEL DE PELIGRO: *alto*
REPRODUCCIÓN: *pone los huevos en un nido hecho de plantas muertas; hasta la incubación, ambos padres vigilan los huevos*

La cobra real se merece el título de **"la serpiente venenosa más grande del mundo."** Se alimenta, principalmente, de otras serpientes, incluso de venenosas, y normalmente ataca desde arriba.

De hecho, tiene la capacidad de levantarse un tercio la longitud de su cuerpo, casi **1,5 m** (5 pies) del suelo.

Tiene dos **colmillos afilados** de casi 1,25 cm (media pulgada) a través de los cuales inserta un **poderoso veneno** que paraliza a su víctima, que deja de respirar.

LA COBRA REAL TIENE UNA "CAPUCHA" QUE CONSISTE EN DOS PLIEGUES DE PIEL EN LOS LATERALES DE LA CABEZA. CUANDO LA SERPIENTE SE SIENTE AMENAZADA, LOS PLIEGUES SE EXPANDEN Y SISEA CON FUERZA, LO QUE HACE QUE PAREZCA MÁS ATERRADORA DE LO QUE YA ES.

SERPIENTE DIAMANTINA DEL OESTE

El punto fuerte de la serpiente diamantina del oeste, también conocida como "**cola de cascabel**", es que no es demasiado exigente. Vive feliz en muchos **entornos diferentes**, y por eso podemos encontrarla en desiertos y bosques, en llanuras con hierba y en laderas rocosas, así como en la costa.

NOMBRE CIENTÍFICO: *Crotalus atrox*
DIETA: carnívora
TAMAÑO: 1,5 m (5 pies)
HÁBITAT: entornos de matorral
ESPERANZA DE VIDA: 25 años
NIVEL DE PELIGRO: alto
REPRODUCCIÓN: es ovípara, el nacimiento puede durar de 3 a 5 horas, y suelen nacer entre 10 y 20 crías

Tiene un **cascabel** en la punta de la cola hecho de segmentos **córneos de queratina**, la misma sustancia de la que están hechos el pelo y las uñas. Cada vez que la serpiente **muda la piel**, aparece un nuevo segmento en el cascabel. Una serpiente de cascabel puede mover el cascabel hacia adelante y hacia detrás más de **60 veces por segundo**, produciendo un **sonido de advertencia** inconfundible.

CASCABEL

La serpiente diamantina del oeste tiene **dos pequeños hoyuelos** detrás de cada fosa nasal. Son órganos **sensibles al calor** que son capaces de detectar las diferencias de temperatura y, por tanto, la presencia de un animal de sangre caliente, que para una serpiente de cascabel significa un **manjar exquisito**.

SERPIENTE DE LIGA

NOMBRE CIENTÍFICO: *Thamnophis sirtalis*
DIETA: *carnívora*
TAMAÑO: *1,35 m (4,4 pies)*
HÁBITAT: *entornos húmedos y con hierba*
ESPERANZA DE VIDA: *6 años*
NIVEL DE PELIGRO: *bajo*
REPRODUCCIÓN: *es ovípara (los huevos se desarrollan dentro del cuerpo de la madre), y la hembra puede tener hasta 80 crías*

La serpiente de liga es un reptil **inofensivo**, muy común en **América del Norte**. Le encanta vivir en entornos donde hay **agua**. Normalmente, estos reptiles tienen **tres rayas claras** verticales que recorren **todo su cuerpo oscuro**.

En regiones **más frías**, donde los inviernos son muy duros, las serpientes de liga **hibernan** en cuevas naturales o madrigueras vacías.

Aunque suelen ser animales solitarios, hibernan con **cientos** de serpientes de liga, enroscando sus cuerpos con fuerza para asegurarse de que están a una **temperatura** mínima para sobrevivir.

TIENEN DIVERSOS COLORES

AQUÍ HAY ALGUNOS EJEMPLOS

SERPIENTE CABEZA DE HOJA

NOMBRE CIENTÍFICO: *Langaha madagascariensis*
DIETA: *carnívora*
TAMAÑO: *1 m (3,3 pies)*
HÁBITAT: *bosques*
ESPERANZA DE VIDA: *desconocido*
NIVEL DE PELIGRO: *medio*
REPRODUCCIÓN: *la hembra pone hasta 10 huevos al mismo tiempo*

Estos reptiles tienen un **apéndice extraño** en la punta del hocico. Es **puntiagudo** en los machos y **con forma de hoja** en las hembras. Nadie sabe para qué utilizan el apéndice, pero es cierto que les ayuda a mezclarse con la vegetación, lo que las hace invisibles frente a potentes depredadores, los cuales esperan a cazar pacientemente.

La serpiente cabeza de hoja vive en paz en **árboles** con una altura de más de **2 m** (6,5 pies) en algunos bosques de Madagascar, ocultando su bonito cuerpo entre la vegetación. No le gusta arrastrarse por el suelo y se cuelga en las ramas cuando quiere descansar.

Como otras muchas serpientes, la serpiente de cabeza de hoja también es **venenosa**, pero no agresiva y solo reacciona si le provocas. Sin embargo, su mordisco no es peligroso, aunque duele mucho.

MAMBA NEGRA

NOMBRE CIENTÍFICO: *Dendroaspis polylepis*
DIETA: *carnívora*
TAMAÑO: *4 m (13 pies)*
HÁBITAT: *sabanas arboladas*
ESPERANZA DE VIDA: *10 años*
NIVEL DE PELIGRO: *alto*
REPRODUCCIÓN: *la hembra pone hasta 15 huevos en un agujero caliente y húmedo, y después los abandona*

La mamba negra vive en **sabanas africanas**. Es famosa por ser muy **venenosa**, pero no todo el mundo sabe que también es muy **rápida**. Puede reptar a velocidades sorprendentes: para escapar de un peligro, puede alcanzar los **19 km (12 millas) por hora**. ¡Es más rápida que un pollo!

El término "negro" de su nombre no hace referencia al color de la piel, que es de diversos colores, sino al **interior de la boca**. Cuando la serpiente abre mucho la boca para mostrar la línea negra, el mensaje de aviso es muy claro: ¡aléjate de mí o te atacaré!

Cuando una mamba negra ataca, **muerde** a su presa **de forma repetida**, acompañado de un **fuerte siseo**.

LA SERPIENTE INSERTA UNA DOSIS DE VENENO EN CADA MORDISCO, PERO DOS GOTAS SON SUFICIENTES PARA MATAR A UNA PERSONA.

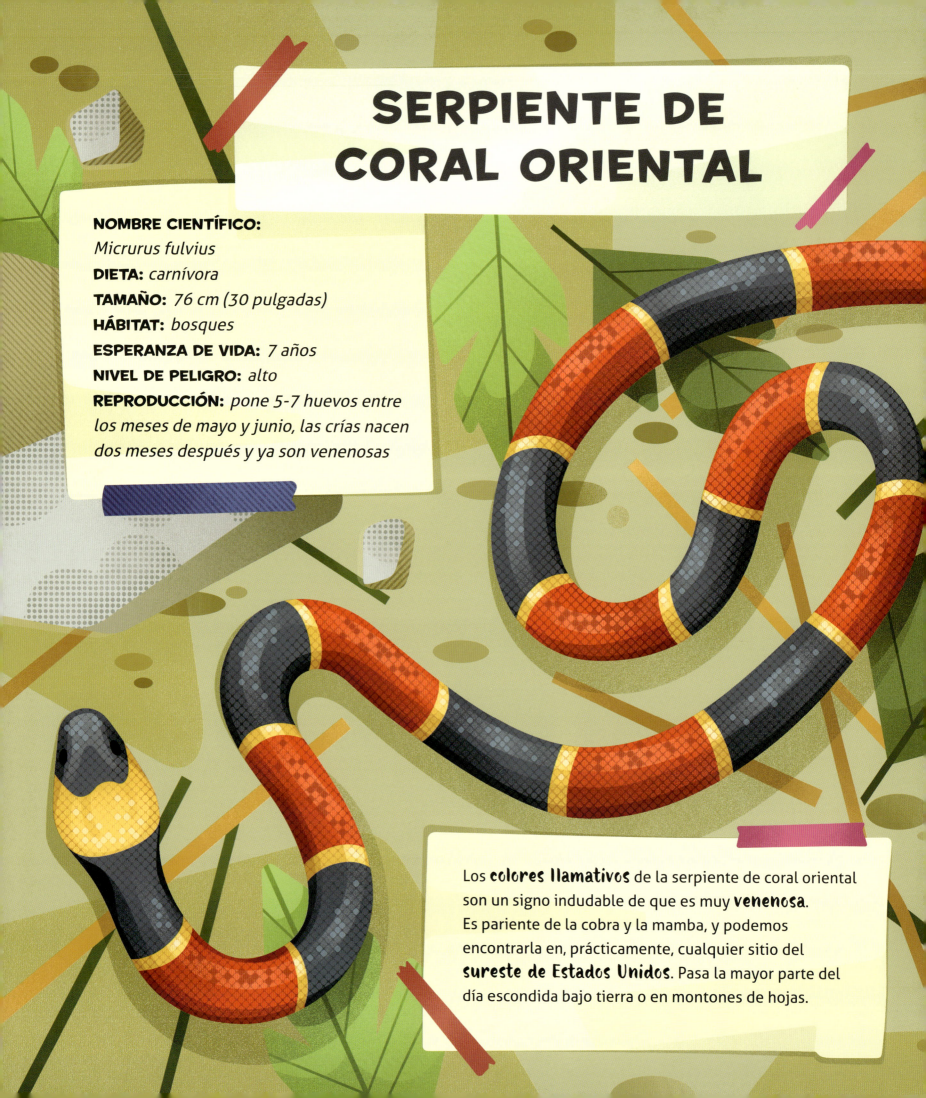

SERPIENTE DE CORAL ORIENTAL

NOMBRE CIENTÍFICO: *Micrurus fulvius*
DIETA: *carnívora*
TAMAÑO: *76 cm (30 pulgadas)*
HÁBITAT: *bosques*
ESPERANZA DE VIDA: *7 años*
NIVEL DE PELIGRO: *alto*
REPRODUCCIÓN: *pone 5-7 huevos entre los meses de mayo y junio, las crías nacen dos meses después y ya son venenosas*

Los **colores llamativos** de la serpiente de coral oriental son un signo indudable de que es muy **venenosa**. Es pariente de la cobra y la mamba, y podemos encontrarla en, prácticamente, cualquier sitio del **sureste de Estados Unidos**. Pasa la mayor parte del día escondida bajo tierra o en montones de hojas.

Muchas serpientes no venenosas se aprovechan de la fama de que la serpiente de coral oriental es peligrosa e **imitan** su apariencia. Pero existe un **truco** para desenmascarar a estas impostoras. En primer lugar, las bandas **rojas** de la serpiente de coral oriental se encuentran por todo el cuerpo de la serpiente, incluida la barriga. En segundo lugar, las bandas rojas siempre van seguidas de las **amarillas**, mientras que en las serpientes inofensivas van seguidas de bandas negras. Fácil ¿verdad?

A LA SERPIENTE DE CORAL ORIENTAL NO LE GUSTA QUE LE MOLESTEN. SI ESTO SUCEDE, LA SERPIENTE ESCONDE LA CABEZA ENTRE LAS ESPIRALES DEL CUERPO, ENROSCA LA COLA Y LA HACE SONAR, REALIZANDO, AL MISMO TIEMPO, UN SONIDO DE ESTALLIDO.

VÍBORA DEL GABÓN

NOMBRE CIENTÍFICO: *Bitis gabonica*
DIETA: *carnívora*
TAMAÑO: *2 m (6,5 pies)*
HÁBITAT: *bosques tropicales*
ESPERANZA DE VIDA: *18 años*
NIVEL DE PELIGRO: *alto*
REPRODUCCIÓN: *es ovípara, y pueden nacer hasta 60 crías al mismo tiempo*

La víbora del Gabón vive en muchos bosques en África, incluyendo Gabón, de donde procede su nombre.

Se esconde entre las hojas secas, donde permanece completamente **inmóvil**. Aunque es larga y grande, en el momento en el que la ves, ya es demasiado tarde. Sus **colmillos**, que pueden medir **5 cm** (2 pulgadas), ya te habrán inyectado su poderoso **veneno**.

Su color es una **combinación de marrones, rosas y morados**, dispuestos en rombos y rayas a lo largo de la espalda. Este patrón proporciona un **camuflaje** excelente, e incluso su cabeza amplia, plana y triangular imita perfectamente una **hoja caída de un árbol**.

Estos reptiles **nocturnos** y solitarios cazan cuando se pone el sol: sus presas incluyen ardillas y ratones, pero también pequeños antílopes. Cuando muerden a su presa, ésta permanece inmóvil y la víbora empieza a comérsela. El veneno ayuda en el proceso de **digestión**.

VÍBORA DEL CUERNO

NOMBRE CIENTÍFICO: *Vipera ammodytes*
DIETA: *carnívora*
TAMAÑO: *90 cm (3 pies)*
HÁBITAT: *entornos áridos con poca vegetación*
ESPERANZA DE VIDA: *desconocido*
NIVEL DE PELIGRO: *medio*
REPRODUCCIÓN: *es ovípara y suele dar a luz entre 6-8 crías, pero puede llegar a 20*

La víbora del cuerno busca los lugares más **soleados** y le encantan las zonas **rocosas**, donde puede absorber fácilmente el calor. **Es la serpiente más peligrosa de Europa**, pero afortunadamente es muy tímida, por lo que es difícil encontrártela.

Se reconoce fácilmente gracias a un **pequeño cuerno** en la punta de la nariz, que mide 5 mm (0,2 pulgadas). Es una trompa bastante suave y carnosa, cubierta de pequeñas escamas. Tiene una distintiva **banda en zigzag** que recorre su espalda.

CUERNO

Cuando detectan el primer signo de invierno, las víboras del cuerno encuentran un agujero entre las rocas e **hibernan**.
Con la llegada de la **primavera**, el macho se despierta primero, por lo que están listos para el apareamiento cuando las hembras se despiertan.

23

VÍBORA CORNUDA SAHARIANA

La víbora cornuda sahariana está muy extendida en las zonas desérticas de todo el **norte de África** y **Oriente Medio**, pero no es fácil ver una. Durante el día, para refugiarse del excesivo calor del sol o para emboscar a sus presas, se entierra rápidamente **introduciendo** su cuerpo en la arena.

Tiene dos pequeños **cuernos** con forma de espina en la cabeza que, según algunos científicos, sirven para proteger los ojos de la víbora en su mundo arenoso.

LOS CUERNOS SE DOBLAN HACIA ATRÁS CUANDO SE TOCAN PARA QUE NO OBSTRUYAN A LA SERPIENTE CUANDO ENTRA A UNA MADRIGUERA.

NOMBRE CIENTÍFICO: *Cerastes cerastes*
DIETA: *carnívora*
TAMAÑO: *60 cm (24 pulgadas)*
HÁBITAT: *desiertos*
ESPERANZA DE VIDA: *18 años*
NIVEL DE PELIGRO: *alto*
REPRODUCCIÓN: *pone los huevos en agujeros o guaridas abandonadas*

TIENE DOS CUERNOS CON FORMA DE ESPINA.

A medida que viaja por la arena fina, la víbora se mueve **deslizándose lateralmente**, orientada en un ángulo con respecto a su dirección real de desplazamiento, por lo que da la impresión de que se dirige en una dirección, mientras que, en realidad, va en otra diferente.

SERPIENTE MARINA AMARILLA

La serpiente marina amarilla está muy extendida en muchos **mares cálidos** del mundo y pasa toda su vida en el agua.

NOMBRE CIENTÍFICO: *Pelamis platura*
DIETA: *carnívora*
TAMAÑO: *110 cm (43 pulgadas)*
HÁBITAT: *mares tropicales y subtropicales*
ESPERANZA DE VIDA: *2 años*
NIVEL DE PELIGRO: *alto*
REPRODUCCIÓN: *ovípara, la hembra da a luz entre 2 y 6 crías, quienes empiezan a cazar el mismo día que nacen*

Nada muy rápido por la **ondulación** lateral de su cuerpo, y suele mantener la cabeza fuera del agua. No puede moverse en tierra firme.

LA PARTE SUPERIOR ES NEGRA Y LA BARRIGA ES AMARILLA.

Su cuerpo está cubierto de pequeñas **escamas** lisas y se divide de forma longitudinal en dos colores: la parte superior es **negra**, mientras que la interior es **amarilla**. La cola en forma de **paleta** también es amarilla, con manchas o bandas negras de distintos tamaños.

Cuando **mudan la piel**, la serpiente se enrosca y se retuerce sobre sí misma, a veces durante horas y horas: así ayuda a aflojar la piel vieja que necesita reemplazar.

ESTE COMPORTAMIENTO TAMBIÉN ES ÚTIL PARA EVITAR QUE LAS ALGAS CREZCAN EN SU CUERPO.

ANACONDA VERDE

La anaconda verde de América del Sur se puede considerar la **serpiente más grande del mundo**. Aunque la **pitón reticulada**, su pariente cercano, es un poco más grande, la circunferencia del cuerpo verdoso de la anaconda, que tiene un diámetro de más de **30 cm** (12 pulgadas), hace que pese el doble. De hecho, puede pesar más de **230 kg** (500 libras).

La piel de la espalda es suave y **de color verde oscuro** con diseños ovalados y **marrones** que se vuelven **amarillos** en el vientre.

A la anaconda le encanta el **agua**, donde se mueve con elegancia. Sus ojos y fosas nasales se encuentran en la parte superior de la cabeza, por lo que puede pasar mucho tiempo prácticamente **sumergida** en el agua.

NOMBRE CIENTÍFICO:
Eunectes murinus
DIETA: *carnívora*
TAMAÑO: *12 m (40 pies)*
HÁBITAT: *entornos húmedos de agua salada en bosques tropicales*
ESPERANZA DE VIDA: *10 años*
NIVEL DE PELIGRO: *alto*
REPRODUCCIÓN: *es ovípara, puede dar a luz hasta 35 crías a la vez*

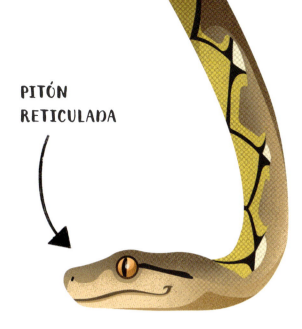

PITÓN RETICULADA

Las anacondas **no son venenosas**, pero enrollan su cuerpo musculoso alrededor de sus presas y aprietan hasta que las asfixian.

EN ESTE PUNTO, SE TRAGAN A SU PRESA ENTERA, SIN IMPORTAR SU TAMAÑO, GRACIAS A SUS DISTINTIVAS MANDÍBULAS, QUE ESTÁN UNIDAS POR UN LIGAMENTO ELÁSTICO.

PITÓN REAL

La pitón real es una serpiente **grande**, pero inofensiva para los humanos. Se alimenta de grandes cantidades de roedores, a los que suele sorprender en sus madrigueras. En las zonas de agricultura, las pitones reales son buenas ayudantes de los granjeros, puesto que mantienen el número de ratones bajo control.

También se conoce como pitón "**bola**" porque se **enrolla** en una bola cuando se siente amenazada, metiendo la cabeza en el medio, para mantenerse bien protegida. Utiliza sus potentes **colmillos** para asfixiar a su presa antes de tragársela de un bocado.

La hembra **cría los huevos**, sujetándolos con sus espirales, un acto **poco común** para un reptil.

LOS HUEVOS SON UN POCO VISCOSOS para evitar que se escapen de forma accidental del abrazo amoroso maternal, Y SE QUEDAN PEGADOS UNOS A OTROS HASTA QUE SALEN DEL CASCARÓN.

NOMBRE CIENTÍFICO: *Python regius*
DIETA: *carnívora*
TAMAÑO: *1,8 m (5,9 pies)*
HÁBITAT: *sabanas arboladas*
ESPERANZA DE VIDA: *10 años*
NIVEL DE PELIGRO: *medio*
REPRODUCCIÓN: *la hembra pone de 3 a 8 huevos, incubándolos durante un par de meses*

¡LA HEMBRA INCUBA LOS HUEVOS!

DRAGÓN VOLADOR

En los **bosques forestales** del **Sur de Asia** existe un pequeño reptil que vuela por el **aire** en lugar de caminar por la tierra: el dragón volador. Una habilidad de este reptil es deslizarse de un árbol a otro: necesita huir de los depredadores, buscar una pareja y encontrar comida.

NOMBRE CIENTÍFICO: *Draco volans*
DIETA: *insectívoro*
TAMAÑO: *21 cm (8 pulgadas)*
HÁBITAT: *bosques tropicales*
ESPERANZA DE VIDA: *desconocido*
NIVEL DE PELIGRO: *bajo*
REPRODUCCIÓN: *los huevos se ponen en el suelo, en un agujero que la hembra cava con su hocico: la madre los protege ferozmente durante un día y luego los abandona a su suerte*

¡ALCANZA UNA ALTURA DE MÁS DE 9 METROS!

Los dragones voladores tienen **costillas alargadas** y móviles, cada una cubierta con una capa de **piel**.

Las costillas permanecen planas junto al **cuerpo** cuando no se utilizan, pero se convierten en **alas** cuando se **despliegan**, permitiendo al dragón volador planear ¡hasta 60 m (200 pies)!

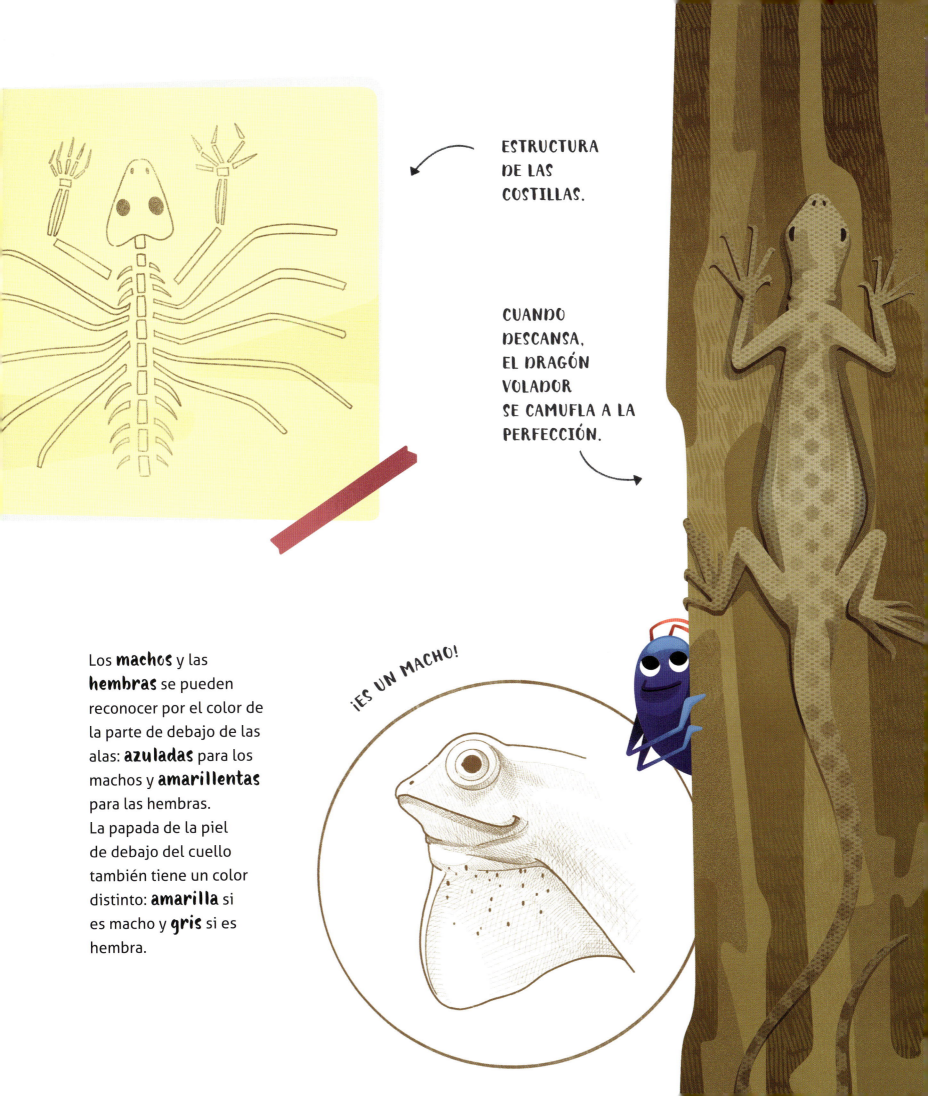

ESTRUCTURA DE LAS COSTILLAS.

CUANDO DESCANSA, EL DRAGÓN VOLADOR SE CAMUFLA A LA PERFECCIÓN.

Los **machos** y las **hembras** se pueden reconocer por el color de la parte de debajo de las alas: **azuladas** para los machos y **amarillentas** para las hembras. La papada de la piel de debajo del cuello también tiene un color distinto: **amarilla** si es macho y **gris** si es hembra.

¡ES UN MACHO!

ESCINCO COCODRILO

El escinco cocodrilo es un lagarto de **apariencia prehistórica**. Parece que lleva un **casco** en la cabeza y una **armadura** en el cuerpo. Los anillos **naranjas** alrededor de sus ojos grandes y negros hacen que este lagarto parezca aún más extraño. Tiene un carácter tímido, corre y se esconde al menor ruido.

NOMBRE CIENTÍFICO: *Tribolonotus gracilis*
DIETA: insectívora
TAMAÑO: 25 cm (10 pulgadas)
HÁBITAT: entornos húmedos de agua dulce
ESPERANZA DE VIDA: 12 años
NIVEL DE PELIGRO: bajo
REPRODUCCIÓN: la hembra pone un solo huevo grande bajo las hojas y lo protege durante varios días

¿QUÉ TIENEN ESTOS REPTILES EN COMÚN CON LOS COCODRILOS?

Por supuesto, no es el tamaño ni el número de dientes afilados. Ambos tienen una **piel gruesa**: **escamas** grandes y óseas, e hileras de **placas** córneas en la espalda.

Al escinco cocodrilo no le gusta luchar. Cuando este reptil se siente amenazado, usa sus cuerdas vocales y emite un **sonido** parecido al ladrido de un perro.

SI ESTO NO FUERA SUFICIENTE PARA EVITAR EL PELIGRO, PERDERÁ SU COLA, CAERÁ AL SUELO Y SE HARÁ EL MUERTO.

LAGARTO DE COLA ESPINOSA

NOMBRE CIENTÍFICO: *Uromastyx acanthinura*
DIETA: *omnívora*
TAMAÑO: *40 cm (16 pulgadas)*
HÁBITAT: *desiertos rocosos*
ESPERANZA DE VIDA: *20 años*
NIVEL DE PELIGRO: *bajo*
REPRODUCCIÓN: *la hembra pone huevos dos veces al año, y los esconde cerca de la madriguera*

Sin duda, este **reptil** de cola espinosa, un reptil de aspecto extraño armado con **púas** en la cola, no tiene miedo al calor del desierto. Este lagarto se activa durante el día y puede sobrevivir con **muy poca agua**. Le encanta tomar el sol, incluso cuando las temperaturas superan los **40°C** (104°F).

Al anochecer, el lagarto de cola espinosa se retira a su madriguera **subterránea**, que tiene unos **3-4 metros** de profundidad (10-13 pies). Cuando duerme, se coloca en posición con la cola espinosa hacia la entrada, para detener así a cualquier depredador número de dientes afilados.

SI ESO NO FUNCIONA, SE ADHIERE A LAS PAREDES DE LA MADRIGUERA CON LAS GARRAS PARA EVITAR SER ARRASTRADO HACIA EL EXTERIOR.

TRIOCEROS DE JACKSON

El trioceros de Jackson se basa en la **vista** para localizar tanto a las presas como a los depredadores cuando se mueven entre las ramas.

Sus ojos, que se mueven de forma individual, **proporcionan una visión de 360°**. Pueden utilizar un ojo para buscar comida y el otro ojo para vigilar los alrededores en busca de posibles depredadores.

NOMBRE CIENTÍFICO: *Trioceros jacksonii*
DIETA: *insectívora*
TAMAÑO: *30 cm (12 pulgadas)*
HÁBITAT: *regiones montañosas*
ESPERANZA DE VIDA: *3 años*
NIVEL DE PELIGRO: *bajo*
REPRODUCCIÓN: *es ovíparo, tras el periodo de gestación de más de 6 meses, nacen a la vez en una rama, normalmente por la mañana*

SU LENGUA LARGA ES MUY RÁPIDA Y VISCOSA.

FREDERICK JOHN JACKSON

El macho se reconoce con facilidad gracias a sus tres cuernos del hocico: uno en la nariz y dos encima de los ojos. Su nombre se debe al famoso naturalista inglés del siglo XIX, **Frederick John Jackson**, quien realizó diversos viajes a **África** durante su vida.

SUS OJOS SE MUEVEN DE FORMA INDEPENDIENTE Y PROPORCIONAN UNA VISIÓN DE 360°.

El macho se gana el derecho a tener pareja **luchando** con otros pretendientes. Empieza amenazando al otro macho, con la boca abierta y **cambiando el color** de la piel para mostrar colores llamativos. Si este paso no funciona, el macho **pelea** cara a cara. Cierra los cuernos y trata de empujar al otro macho de la rama.

EL MACHO TIENE TRES CUERNOS EN EL HOCICO.

IGUANA VERDE

La iguana verde es un reptil de **bosque**. Encuentra refugio de los depredadores en los árboles gracias a su color de **camuflaje**, que hace que se parezca a las hojas, y su habilidad para permanecer inmóvil durante mucho tiempo. También encuentra comida en los árboles, donde se alimenta de hojas, flores y fruta. Aunque se conocen como "iguanas verdes", el color de cada una varía dependiendo de su **humor**, **edad**, **salud** y **temperatura corporal**.

NOMBRE CIENTÍFICO: *Iguana iguana*
DIETA: *herbívora*
TAMAÑO: *1,75 m (70 pulgadas)*
HÁBITAT: *entornos forestales*
ESPERANZA DE VIDA: *12 años*
NIVEL DE PELIGRO: *bajo*
REPRODUCCIÓN: *pone los huevos en nidos a una profundidad de 45 cm (18 pulgadas): puede compartir el nido con otras hembras*

Por la mañana, la temperatura del cuerpo de la iguana es **baja**, y la piel se vuelve más **oscura** para **absorber** el calor del sol. Por la tarde, son más claras, por lo que absorben menos luz del sol.

Si una iguana está en peligro, utiliza las vías navegables como ruta de escape. Se deja caer desde los árboles y nada rápido gracias a su **gran cola**, la cual, en caso necesario, también utiliza como **látigo** para defenderse.

GECKO DEDO DE HOJA

El **gecko** dedo de hoja es el más pequeño de sus parientes. Su cuerpo es **gordito**, la piel parece transparente, y puede dejar **caer** su gran cola, la cual vuelve a crecer. Sin embargo, si esto sucede, la cola nueva siempre es un poco más ancha y robusta que la original.

GRACIAS A SUS DEDOS, PUEDE ESCALAR POR TODAS PARTES.

NOMBRE CIENTÍFICO: *Euleptes europaea*
DIETA: *insectívora*
TAMAÑO: *8 cm (3 pulgadas)*
HÁBITAT: *desiertos rocosos*
ESPERANZA DE VIDA: *desconocido*
NIVEL DE PELIGRO: *bajo*
REPRODUCCIÓN: *pone dos huevos a la vez, en una grieta de las rocas o bajo la corteza de un árbol*

Las pequeñas **almohadillas** situadas al final de los dedos tienen forma de **hoja**, y por eso reciben ese nombre. Estas almohadillas funcionan como un **velcro**, permitiendo al gecko escalar cualquier tipo de superficie, incluso las lisas, como el cristal.

Al gecko dedo de hoja le encanta **pasar la noche en el exterior** y aprovecha la oscuridad para cazar. Se acerca en silencio a su presa, mirándola fijamente con sus ojos grandes de **pupilas verticales** y luego da un repentino **salto** final, cogiendo a la presa por sorpresa.

IGUANA MARINA

NOMBRE CIENTÍFICO: *Amblyrhynchus cristatus*
DIETA: *herbívora*
TAMAÑO: *2 m (6,5 pies)*
HÁBITAT: *insular*
ESPERANZA DE VIDA: *15 años*
NIVEL DE PELIGRO: *bajo*
REPRODUCCIÓN: *la hembra cava un nido en la arena y pone los huevos*

La iguana marina vive solo en las **Islas Galápagos**. Su aspecto es peligroso debido al hocico aplanado, las patas más bien achaparradas y la **cresta** puntiaguda que recorre toda la espalda. Sin embargo, la realidad es que es un reptil muy tranquilo.

MIENTRAS BUCEA, LA IGUANA MARINA INGIERE MUCHA SAL DEL AGUA DEL MAR.

La vida de este reptil está muy unida al mar, donde encuentra **algas** de las que se alimenta. Las iguanas marinas son excelentes nadadoras y se pueden sumergir a una profundidad de hasta **15 metros** (50 pies) en **aguas frías** del Océano Pacífico, permaneciendo bajo el agua durante más de **una hora**. En tierra, pasan muchas horas en las rocas, calentándose al sol.

TIENE GLÁNDULAS ESPECIALES EN LA NARIZ, DONDE ALMACENA EL EXCESO DE SAL, QUE DESPUÉS ESTORNUDA.

GECKO DE ARENA DE NAMIB

NOMBRE CIENTÍFICO: *Pachydactylus rangei*
DIETA: *insectívora*
TAMAÑO: *15 cm (6 pulgadas)*
HÁBITAT: *desiertos*
ESPERANZA DE VIDA: *5 años*
NIVEL DE PELIGRO: *bajo*
REPRODUCCIÓN: *las hembras normalmente ponen dos huevos en la arena*

El gecko de arena de Namib se pasea en solitario **por la noche**, cuando casi todos los animales están durmiendo: es la única forma que tiene de atrapar a su presa por sorpresa. Come insectos, arañas y cualquier **invertebrado** que sea lo suficientemente pequeño como para ser ingerido.

Estos pequeños geckos viven en el **desierto costero de Namibia**. Tienen patas delgadas, grandes y **palmeadas** que utilizan para cavar largos **túneles** donde se refugian durante el día.

GRACIAS A ESTAS PATAS PALMEADAS PUEDEN CORRER SIN HUNDIRSE EN LA ARENA Y TIENEN ALMOHADILLAS VISCOSAS EN LOS DEDOS QUE LES AYUDAN A ESCALAR.

Los geckos de arena de Namib tienen ojos grandes y **pupilas verticales**, que son de gran ayuda para ver bien en la **oscuridad**. Sus globos oculares están protegidos por **escamas** transparentes, las cuales **lamen** con frecuencia para que estén limpias.

LAGARTO ARMADILLO

Los lagartos armadillos hacen algo que es poco común en los lagartos: viven en **grupos** de hasta 60 lagartos, y no tienen por qué tener relación entre ellos. Se esconden entre las rocas y sus cabezas y colas **aplanadas** les permiten meterse en **grietas** muy estrechas.

NOMBRE CIENTÍFICO: *Ouroborus cataphractus*
DIETA: *insectívora*
TAMAÑO: *10 cm (4 pulgadas)*
HÁBITAT: *desiertos*
ESPERANZA DE VIDA: *20 años*
NIVEL DE PELIGRO: *bajo*
REPRODUCCIÓN: *es ovíparo: da a luz solo a una o dos crías*

Se conoce como lagarto armadillo debido a su apariencia cuando está en posición de **defensa**, ya que es muy parecida a la de un armadillo. Cuando se siente amenazado, el reptil inmediatamente se **enrolla**, agarrando la cola con la mandíbula para formar una **bola**. Las filas de escamas duras y espinosas en la espalda disuaden a los depredadores que quieren atacarle.

Estos reptiles tienen fuertes **mandíbulas** y su **mordisco** es muy potente: a veces **enrollan** el cuerpo cuando muerden para causar más daño.

MIENTRAS LUCHAN, SON CAPACES DE CORTAR LOS MIEMBROS DEL OPONENTE.

ANOLIS VERDE

NOMBRE CIENTÍFICO: *Anolis carolinensis*
DIETA: *insectívora*
TAMAÑO: *20 cm (8 pulgadas)*
HÁBITAT: *bosques*
ESPERANZA DE VIDA: *8 años*
NIVEL DE PELIGRO: *bajo*
REPRODUCCIÓN: *la hembra pone los huevos en suelo húmedo*

El anolis verde es un lagarto **arbóreo**, lo que significa que vive en arbustos y en las ramas de los árboles, escondiéndose entre las **hojas**. Las almohadillas **viscosas** de sus patas le permiten andar con facilidad en superficies **verticales** de troncos y vallas: ¡una gran ventaja cuando necesita escapar!

El macho atrae la atención de las hembras moviendo la cabeza y extendiendo **la papada**, que es el colgajo de piel de debajo de la cabeza y el cuello. La papada suele ser de color rojo, por lo que es visible durante el cortejo para atraer a su compañera, pero también para alejar a los rivales.

Este reptil se puede encontrar por todo **el sureste de Estados Unidos**.

Cada macho tiene su **propio territorio**, su tamaño varía entre 50 y 100 m² (540 a 1.080 pies cuadrados). Normalmente, cuánto más grande es el macho, más grande es el territorio que puede proteger.

LAGARTO GUSANO DE DOS PATAS

No te dejes engañar por su apariencia: el lagarto gusano de dos patas tiene un cuerpo **rosa** cubierto de anillos que le hace parecer más un **gusano de tierra** que un reptil. Podemos adivinar que vive **bajo tierra** por sus **diminutos ojos**. Pasa las horas más frías del día encima de la tierra, moviéndose profundamente bajo tierra cuando hace más calor.

NOMBRE CIENTÍFICO: *Bipes biporus*
DIETA: *insectívora*
TAMAÑO: *24 cm (9,5 pulgadas)*
HÁBITAT: *entornos áridos*
ESPERANZA DE VIDA: *3 años*
NIVEL DE PELIGRO: *bajo*
REPRODUCCIÓN: *las hembras ponen un promedio de 2 huevos y se reproducen una vez cada dos años*

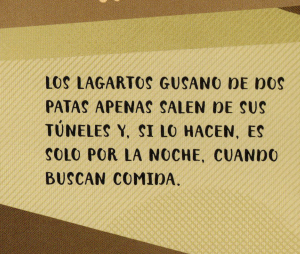

LOS LAGARTOS GUSANO DE DOS PATAS APENAS SALEN DE SUS TÚNELES Y, SI LO HACEN, ES SOLO POR LA NOCHE, CUANDO BUSCAN COMIDA.

La **dieta** de este reptil consiste en todo lo que pueda capturar y tragar: hormigas, orugas, gusanos de tierra y muchos invertebrados pequeños.

COMO SU VISTA NO ES BUENA DEBIDO A SUS DIMINUTOS OJOS, RASTREA A SU PRESA SIGUIENDO LAS VIBRACIONES EN EL SUELO.

Los lagartos gusano de dos patas construyen **túneles** empujando con sus **cabezas** duras y cavando con las patas delanteras, ya que son las **únicas patas** que tienen. Sus patas son pequeñas, pero fuertes y están equipadas con **garras**, que usan para quitar la tierra, así como para estabilizar las paredes del túnel antes de seguir cavando.

AGAMA COMÚN

El agama común macho dominante comparte **territorio** con su **grupo familiar**, creado por hembras y algunos machos subordinados. El corazón de su reino suele ser un objeto físico, como un árbol o una roca, en el que se reúne todo el equipo.

El agama común macho muestra un **arcoíris** de colores brillantes cuando está bajo el **sol**. Tiene un color rojo anaranjado en la cabeza, azul en la espalda, amarillo en los costados y una cola larga que puede ser a rayas rojas, azules oscuras o turquesas.

NOMBRE CIENTÍFICO: *Agama agama*
DIETA: *insectívora*
TAMAÑO: *25 cm (10 pulgadas)*
HÁBITAT: *sabana arbóreas*
ESPERANZA DE VIDA: *25 años*
NIVEL DE PELIGRO: *bajo*
REPRODUCCIÓN: *pone hasta siete huevos al mismo tiempo dentro de un agujero de 5 cm (2 pulgadas) de profundidad*

ESTOS COLORES SE VUELVEN MÁS BRILLANTES DURANTE LA ÉPOCA DE APAREAMIENTO.

Si la **cabeza** de un agama común empieza a balancearse y extiende el colgajo de piel del cuello, puede significar dos cosas:

SI HA VISTO A UN MACHO DESCONOCIDO, EL MOVIMIENTO ES UN RETO Y UNA INVITACIÓN PARA LUCHAR. SI HAY UNA HEMBRA CERCA, ES UN MODO DE INTENTAR IMPRESIONARLA, CON EL DESEO DE APAREAMIENTO.

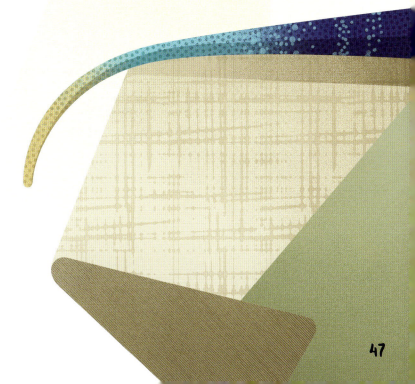

BASILISCO COMÚN

El basilisco común es un reptil pacífico con grandes y distintivas **crestas** en la espalda. Los machos también tienen esas crestas en la cabeza y en la cola. Pasan el día buscando comida o descansando junto a un arroyo. Cuando cae la noche, encuentran su posición escondidos en un sitio **seguro** en la vegetación, a veces, a más de 20 m (65 pies) del suelo.

Cuando alguien le molesta o cuando busca comida, el basilisco común se endereza sobre sus patas traseras y corre por el agua. Corre a una velocidad de **24 km/h** (15 mph) y puede cubrir una distancia de hasta **20 m** (65 pies) antes de sumergirse.

NOMBRE CIENTÍFICO: *Basiliscus basiliscus*
DIETA: *omnívora*
TAMAÑO: *80 cm (32 pulgadas)*
HÁBITAT: *bosques*
ESPERANZA DE VIDA: *7 años*
NIVEL DE PELIGRO: *bajo*
REPRODUCCIÓN: *pone huevos. Las hembras pueden poner varias nidadas de huevos (de 2 a 18 huevos por nidada)*

SUS ANCHOS PIES TRASEROS TIENEN COLGAJOS DE PIEL ENTRE LOS DEDOS QUE LES EMPUJAN HACIA ARRIBA CUANDO EL LAGARTO EMPIEZA A "ANDAR POR EL AGUA", CREANDO BURBUJAS DE AGUA PARA MANTENERLO A FLOTE.

LUCIÓN

El lución es un reptil silencioso que, en ocasiones, **se confunde con una serpiente**. Se puede encontrar en áreas **húmedas** de pasto y bosques, en **huertos** o plantaciones durante la puesta de sol o las primeras horas de la mañana.

Aunque el lución tiene un cuerpo largo y **cilíndrico** sin patas, a este **lagarto** le encanta pasar el tiempo en madrigueras **bajo tierra**. Su piel es lisa y esconde unas placas óseas duras, que hacen que sus movimientos sean un poco rígidos, pero muy útiles para **cavar** en la tierra.

Gran parte del cuerpo del lución es la **cola**, que como la de otros muchos lagartos, **puede mudar fácilmente**. De hecho, si un depredador le ataca, dejará caer la cola.

SIN EMBARGO, TARDA MUCHO TIEMPO HASTA QUE VUELVE A CRECER, POR ESO, MUCHOS ADULTOS DONDE SOLÍA ESTAR LA COLA AHORA SOLO TIENEN UN MUÑÓN.

NOMBRE CIENTÍFICO: Anguis fragilis
DIETA: carnívora
TAMAÑO: 40 cm (16 pulgadas)
HÁBITAT: áreas húmedas con vegetación
ESPERANZA DE VIDA: 50 años
NIVEL DE PELIGRO: bajo
REPRODUCCIÓN: es ovíparo, la hembra suele dar a luz entre 6-8 crías dentro de una fina membrana transparente que las crías perforan de forma inmediata cuando nacen

MONSTRUO DE GILA

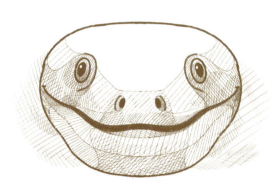

El monstruo de Gila tiene una piel de **aspecto verrugoso** debido a las **escamas** de cuentas que crean un colorido mosaico negro, rosa, naranja y amarillo. Los colores brillantes de sus escamas no son para hacerlos atractivos, sino para avisar al resto de que tengan cuidado y se mantengan lejos: el monstruo de Gila es un reptil **venenoso**, lo que es muy raro en un lagarto.

LE ENCANTAN LOS ENTORNOS ÁRIDOS Y POR ESO PASA LA MAYOR PARTE DE SU VIDA EN UNA MADRIGUERA O BAJO UNA PIEDRA, DONDE PUEDE MINIMIZAR LA PÉRDIDA DE AGUA.

¡SU SALIVA ES VENENOSA!

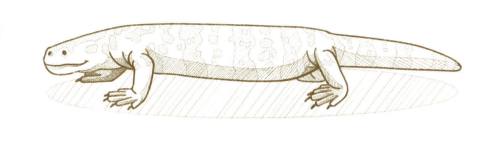

NOMBRE CIENTÍFICO: *Heloderma suspectum*
DIETA: *carnívora*
TAMAÑO: *56 cm (22 pulgadas)*
HÁBITAT: *entornos áridos*
ESPERANZA DE VIDA: *20 años*
NIVEL DE PELIGRO: *medio*
REPRODUCCIÓN: *pone hasta 12 huevos*

El monstruo de Gila debe su nombre a un río que fluye en el **sureste de Estados Unidos**, en una zona donde estos reptiles hace muchos años eran abundantes. ¡No tengas miedo por conocer uno!

Este lagarto utiliza su saliva venenosa más **para defenderse** a sí mismo que para cazar. Salpica la piel de su enemigo con un **mordisco** fuerte y doloroso para asegurarse de que el veneno penetra más profundamente en la herida, y mastica lentamente la carne de su desafortunada presa durante mucho tiempo. El veneno está en las glándulas de la **mandíbula** inferior del lagarto, a diferencia de las serpientes, cuyo veneno se produce en la mandíbula superior.

DRAGÓN DE KOMODO

El dragón de Komodo da mucho **miedo**. En la actualidad, es el **lagarto** más grande y pesado del mundo, y se coloca en modo amenazador en los densos matorrales, probando continuamente el aire con su **lengua** larga y amarilla bifurcada, buscando el olor de presas potenciales, animales moribundos o cadáveres que pueda limpiar.

NOMBRE CIENTÍFICO: *Varanus komodoensis*
DIETA: *carnívora*
TAMAÑO: *3 m (10 pulgadas)*
HÁBITAT: *bosques tropicales*
ESPERANZA DE VIDA: *30 años*
NIVEL DE PELIGRO: *alto*
REPRODUCCIÓN: *pone unos 20 huevos en agujeros en la tierra, o utiliza nidos grandes abandonados de pájaros*

ES EL ÚNICO GRAN DEPREDADOR EN LA BONITA ISLA DE KOMODO, SITUADA EN EL ARCHIPIÉLAGO DE INDONESIA.

ISLA DE KOMODO

Tiene un carácter **agresivo** y los machos suelen luchar entre ellos. Se levantan sobre las patas traseras, se enfrentan como **luchadores de sumo** e intentan **lanzar** a su oponente al suelo.

Además de sus fuertes músculos, este reptil tiene un **arma secreta** escondida en la saliva, una bacteria dañina que, cuando muerde a su presa, se transfiere a la herida. Tarda un par de días en **envenenar** a la víctima, debilitándola o matándola.

SI EL PRIMER ATAQUE NO MATA A LA PRESA, EL LAGARTO SOLO TIENE QUE ESPERAR LA MUERTE Y DESPUÉS TIENE TODO EL TIEMPO DEL MUNDO PARA COMÉRSELA.

TUÁTARA

A primera vista, parece un lagarto, pero no es así. El tuátara es un **reptil casi prehistórico**, cuyos antecesores poblaron la tierra hace **200 millones de años**. Hoy en día, esta especie vive solo en una isla de la costa de **Nueva Zelanda**, donde a veces comparte su nido con aves acuáticas, manteniéndolo libre de insectos molestos.

La palabra "tuátara" significa "**espalda espinosa**," y, de hecho, este lagarto tiene una cresta espinosa hecha de pliegues **triangulares** de piel.
Los machos pueden aumentar su cresta durante el **apareamiento** o como muestra de poder cuando reclaman su territorio.

NOMBRE CIENTÍFICO: *Sphenodon punctatus*
DIETA: *carnívora*
TAMAÑO: *60 cm (24 pulgadas)*
HÁBITAT: *islas rocosas*
ESPERANZA DE VIDA: *100 años*
NIVEL DE PELIGRO: *bajo*
REPRODUCCIÓN: *la hembra pone huevos cada cuatro años, y tarda mucho tiempo en hacerlo*

"TUÁTARA" SIGNIFICA "ESPALDA ESPINOSA" EN MAORÍ.

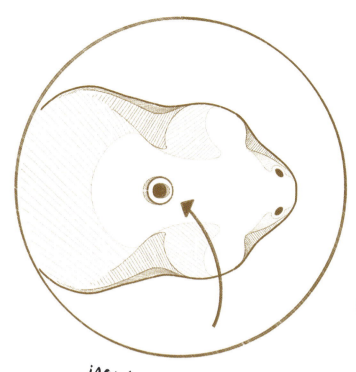

¡AQUÍ ES DONDE ESTÁ SU "TERCER OJO"!

La característica más única y curiosa del tuátara es el "**tercer ojo**" que tiene en la parte superior de la cabeza. Solo es visible en las crías, ya que, con la edad, se cubre de **escamas**.

AUNQUE SE LLAMA OJO, NO SE UTILIZA PARA VER, SINO PARA ABSORBER LOS RAYOS ULTRAVIOLETAS Y PARA AYUDAR AL TUÁTARA A SABER EL MOMENTO DEL DÍA O LA ESTACIÓN.

ALIGÁTOR AMERICANO

NOMBRE CIENTÍFICO: *Alligator mississippiensis*
DIETA: *carnívora*
TAMAÑO: *4 m (13 pies)*
HÁBITAT: *entornos húmedos de agua salada*
ESPERANZA DE VIDA: *50 años*
NIVEL DE PELIGRO: *alto*
REPRODUCCIÓN: *pone una media de 40 huevos al mismo tiempo, por la noche y puede tardar hasta una hora en poner todos los huevos*

Los entornos húmedos y los pantanos son el hábitat perfecto para el aligátor americano, el reptil más grande de América del Norte. Pesa unos **350 kg** (770 libras) y más de **4 m** (13 pies). Tiene, aproximadamente, **80 dientes cónicos y afilados**, y reemplaza los dientes a medida que se desgastan o se caen. Un aligátor puede llegar a los **3.000 dientes** durante toda su vida. Al contrario que los cocodrilos, los cuatro dientes de la barbilla inferior no son visibles cuando tiene la boca cerrada.

Este reptil es un carnívoro oportunista. Se traga todo lo que consigue meterse en la boca, dependiendo del tamaño, y a veces ni siquiera dice que no a las bayas y la fruta. A menudo caza en el **agua**, donde es rápido y ágil.

ALGUNOS ALIGÁTORES BALANCEAN PALOS Y RAMAS EN SU CABEZA COMO CEBO Y ATRAER ASÍ A LAS AVES EN BUSCA DE MATERIAL PARA ANIDAR.

PUEDE PESAR MÁS DE 350 KG (770 LIBRAS) Y MEDIR MÁS DE 5 METROS (13 PIES).

Tienen un ritual de apareamiento muy **curioso**: para atraer a las hembras, los machos braman fuerte aspirando aire en los pulmones y soplando en rugidos intermitentes. Al mismo tiempo, **golpean** el agua con la cabeza y hacen vibrar el cuerpo, causando que el agua de su alrededor **salpique** hacia arriba.

CAIMÁN DE ANTEOJOS

NOMBRE CIENTÍFICO: *Caiman crocodilus*
DIETA: *carnívora*
TAMAÑO: *3 m (10 pies)*
HÁBITAT: *entornos húmedos de agua dulce o salada*
ESPERANZA DE VIDA: *40 años*
NIVEL DE PELIGRO: *alto*
REPRODUCCIÓN: *pone los huevos en el territorio del macho, en un nido creado especialmente con barro, plantas y palos de 1,2 m de ancho (45 pulgadas). Tanto el macho como la hembra vigilan el nido de forma constante, y luego cuidan de las crías de caimán después de nacer*

El caimán de anteojos es un reptil bastante pacífico al que le gusta **dormitar** en las orillas de los ríos o quedarse quieto en el agua, parcialmente sumergido.

Pero siempre está **preparado**, por si fuera necesario, para nadar a una velocidad inesperada mediante un poderoso empuje gracias a su **cola** larga y **aplanada**. Utiliza los **pies palmeados** para cambiar de dirección.

Tiene dos **crestas óseas** pronunciadas que rodean los ojos, lo que lo distingue del aligátor americano, con el que está emparentado.

PARECE COMO SI LLEVARA UN PAR DE GAFAS EN LA CARA, QUE ES DE DONDE PROCEDE SU NOMBRE.

Siempre se alimenta en el agua, aunque prefiere cazar por la **noche**, emboscando a su presa. Espera en silencio e **inmóvil** para conseguir una comida potencial, que también puede ser de su misma especie, y después, con un repentino salto, agarra a la presa con la boca llena de **dientes** afilados.

GAVIAL

Es imposible no fijarse en el hocico largo y **estrecho** de este cocodrilo asiático de extraño aspecto. Tiene **110 dientes pequeños y puntiagudos**, que son muy afilados y la herramienta perfecta para capturar peces. El gavial pesca peces moviendo la cabeza de un lado a otro y prefiere las zonas de río donde el agua se mueve lentamente. El hocico se vuelve más delgado con la edad.

NOMBRE CIENTÍFICO: *Gavialis gangeticus*
DIETA: *carnívora*
TAMAÑO: *6 m (20 pies)*
HÁBITAT: *ríos*
ESPERANZA DE VIDA: *50 años*
NIVEL DE PELIGRO: *medio*
REPRODUCCIÓN: *las hembras ponen hasta 100 huevos en la arena de las orillas de los ríos*

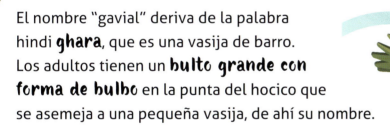

El nombre "gavial" deriva de la palabra hindi **ghara**, que es una vasija de barro. Los adultos tienen un **bulto grande con forma de bulbo** en la punta del hocico que se asemeja a una pequeña vasija, de ahí su nombre.

SE UTILIZA PARA ATRAER A LAS HEMBRAS: LO UTILIZAN PARA HACER BURBUJAS EN EL AGUA Y PRODUCIR UN ZUMBIDO SEDUCTOR.

BULTO CON FORMA DE BULBO

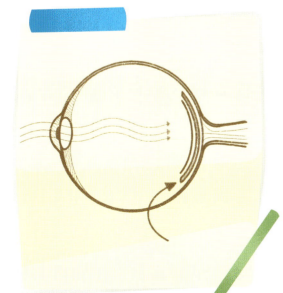

Tiene una estructura en forma de espejo en la parte posterior del ojo, detrás de la retina, llamada **tapetum lucidum**. Mejora su **visión nocturna** porque permite al ojo absorber más luz, así como producir una imagen más clara. También hace que sus ojos brillen a la luz de la luna.

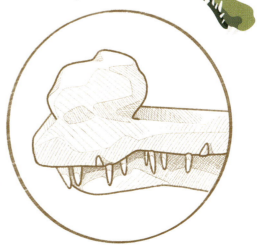

COCODRILO DEL NILO

Su aspecto, sin duda, es amenazador, pero en realidad el cocodrilo del Nilo es muy **sociable** con sus compañeros.

DE HECHO, VARIOS INDIVIDUOS PUEDEN COMPARTIR LOS LUGARES DE DESCANSO Y LA COMIDA, PERO HAY QUE RESPETAR LA JERARQUÍA: LOS MACHOS MÁS MAYORES Y GRANDES COMEN PRIMERO Y CONSIGUEN EL MEJOR ESPACIO DE DESCANSO EN LA ORILLA DEL RÍO.

NOMBRE CIENTÍFICO: *Crocodylus niloticus*
DIETA: *carnívora*
TAMAÑO: *6 m (20 pies)*
HÁBITAT: *entornos húmedos de agua dulce*
ESPERANZA DE VIDA: *45 años*
NIVEL DE PELIGRO: *alto*
REPRODUCCIÓN: *la hembra cava un agujero en la arena a unos metros del agua y pone hasta 80 huevos dentro, los cuales vigila hasta que salen del huevo*

A pesar de su nombre, estos cocodrilos no solo habitan en las orillas del gran río Nilo. Podemos encontrarlos en la mayor parte de **África**, al sur del **Sáhara** y en **Madagascar**.

AL SER UN ANFIBIO, ES IMPORTANTE QUE ESTÉN CERCA DE RÍOS, PANTANOS DE AGUA DULCE O BOSQUES DE MANGLARES, QUE PUEDEN GARANTIZAR SU ALIMENTO Y REFUGIO.

CUANDO UN COCODRILO ESTÁ TOTALMENTE SUMERGIDO, CIERRA LAS FOSAS NASALES PARA EVITAR QUE LE ENTRE AGUA, LO QUE PODRÍA HUNDIRLE.

Normalmente, mantienen la respiración unos **15 minutos** seguidos, pero en aguas frías, donde consume menos energía y oxígeno que en un entorno cálido, un cocodrilo puede aguantar ¡hasta **8 horas** sin respirar!

COCODRILO MARINO

Los cocodrilos marinos se extienden desde el **norte de Australia** hasta el **sureste de Asia**. Como su nombre sugiere, pueden vivir en la costa y pasar días, e incluso semanas, en mar abierto, nadando durante cientos de kilómetros, mientras capturan presas a lo largo del camino. Pueden llegar a pesar **700 kg** (1.500 libras). Una leyenda australiana indica que los cocodrilos duermen con un ojo abierto.

NOMBRE CIENTÍFICO: *Crocodylus porosus*
DIETA: *carnívora*
TAMAÑO: *6 m (20 pies)*
HÁBITAT: *entornos húmedos y aguas costeras*
ESPERANZA DE VIDA: *70 años*
NIVEL DE PELIGRO: *alto*
REPRODUCCIÓN: *la hembra construye un nido de montículos de plantas acuáticas y pone hasta 90 huevos, los cuales vigila hasta que salen del huevo*

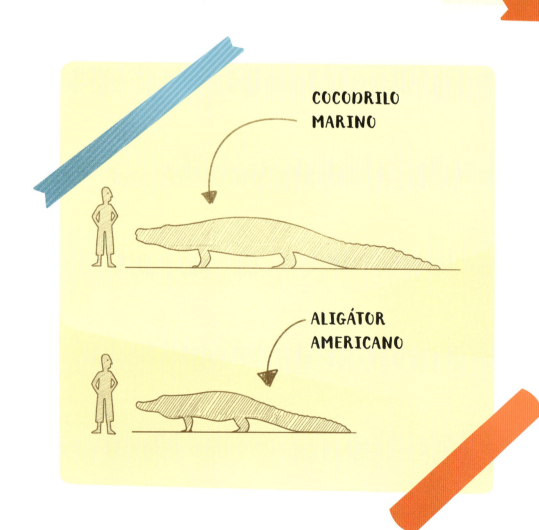

COCODRILO MARINO

ALIGÁTOR AMERICANO

PUEDE PARECER EXTRAÑO PARA TI, PERO HAY UNA PIZCA DE VERDAD. EL SISTEMA NERVIOSO CENTRAL ES EXTRAÑO, POR LO QUE EL OJO DERECHO PERMANECE ABIERTO CUANDO EL LADO IZQUIERDO DEL CEREBRO ESTÁ DESPIERTO, Y VICEVERSA. ESTO SIGNIFICA QUE EL COCODRILO SIEMPRE ESTÁ ALERTA.

Los cocodrilos de agua salada también se comunican entre ellos a través de **señales acústicas**. Las crías "**pían**" para llamar la atención de su madre y mantener a todos las crías juntas, mientras que los adultos emiten un **gruñido sordo** en respuesta a una amenaza.

LOS MACHOS TAMBIÉN GRUÑEN PARA ATRAER A LAS HEMBRAS DURANTE LA ÉPOCA DE APAREAMIENTO.

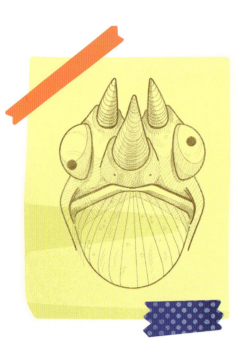

ROSSELLA TRIONFETTI

Rossella Trionfetti nació en 1984. De niña, pasaba mucho tiempo en librerías y bibliotecas buscando libros ilustrados de animales. Era evidente su interés en el dibujo y todo lo que esto engloba. Tras graduarse en artes aplicadas, se especializó en el campo de la ilustración y el diseño gráfico, realizando varios cursos impartidos por profesionales en el campo, incluyendo un MiMaster en Milán. Actualmente, trabaja como ilustradora de libros infantiles y colabora en la creación de aplicaciones y juegos interactivos. En los últimos años, ha ilustrado diversos libros para White Star Kids.

CRISTINA BANFI

Tras completar su grado en ciencias naturales en la Universidad de Milán, Cristina Banfi enseñó en varios colegios. Durante más de 20 años, ha trabajado en el campo de la comunicación sobre la ciencia y los juegos interactivos, y ha publicado diversos títulos, tanto educacionales como informativos, para jóvenes lectores. En los últimos años, ha escrito diversos libros para White Star Kids.

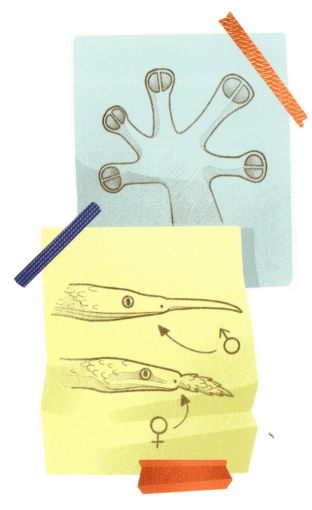

Título original: *The Amazing Catalog of Weirdest Reptiles*

WS Edizioni White Star Kids® es una marca registrada propiedad de White Star s.r.l.
© 2021 libro original publicado por White Star s.r.l.
Piazzale Luigi Cardona, 6
20123 Milán, Italia.
www.whitestar.it

Autora del texto original: Cristina Banfi
Autora de las ilustraciones: Rossella Trionfetti
Traducción del italiano: Alba Jiménez Blázquez

Diagramación: Editor Service, S.L.

Primera edición en castellano para todo el mundo: febrero 2022
© Tramuntana Editorial - c/ Cuenca, 35
17220 Sant Feliu de Guíxols (Girona)
www.tramuntanaeditorial.com

ISBN: 978-84-18520-33-4
Depósito legal: GI 927-2021

Impreso en Turquía
Reservados todos los derechos